Ulrike Schild

# Allein geht man ein

Ulrike Schild

# Allein geht man ein

Einsamkeit erleben und bewältigen

Brendow
impuls

Brendow
impuls

Die Deutsche Bibliothek - CIP-Einheitsaufnahme
**Schild, Ulrike:**
Allein geht man ein : Einsamkeit erleben und bewältigen / Ulrike Schild.
Moers : Brendow, 2000
(Edition C : T, Taschenbuch ; 351)
ISBN 3-87067-846-1

ISBN 3-87067-846-1
Edition C, T 352

Einband- und Innengestaltung: init, Büro für Gestaltung, Bielefeld
Titelfoto: Image Bank, München
Satz: AbSatz, Klein Nordende
Druck und Bindung: Clausen & Bosse, Leck
Printed in Germany

**Inhalt**

# 1 Einsamkeit – ein Millionenschicksal

Eine Freundin sagte kürzlich zu mir: »Wenn es eine Insel der EINSAMEN gäbe, dann wäre das die größte Insel der Welt.« Dieser Satz ist mir irgendwie hängen geblieben. Eine erschreckende Bilanz. Einsamkeitsinsel? Die gibt es tatsächlich. Ein gewisser Herr Johannesen hat sie entdeckt, 1878. Sie liegt im karischen Meer (Südwesten Kleinasiens). Und weil diese Felseninsel im Nordpolarmeer nur rund zwanzig Quadratmeter groß ist (im Gegensatz zu der zuvor zitierten Aussage), ist sie auch nicht in jedem Atlas verzeichnet. Das hat aber auch etwas Symbolisches. Dass sie so schwer zu finden ist, scheint sie mit menschlichen »Einsamkeitsinseln« gemein zu haben.

Denn die sind auch oft so gut versteckt, dass sie kaum entdeckt werden. Äußerlich scheint bei vie-

len Menschen alles in Ordnung zu sein: eine schöne Wohnung, eine nette Familie, Nachbarn und Bekannte, eine gute Arbeit usw.
Was will der Mensch noch mehr? Doch das eine wissen wir wohl alle: Mitten unter Menschen kann einen die Einsamkeit packen und sich wie ein grünäugiges Ungeheuer einnisten.

Doch es ist in der Tat so, wie es ein Journalist beschreibt: »Eine törichte Einsamkeit wächst und wächst. Trotz Telefon und Television und organisierter Freizeitgestaltung gibt jeder fünfte Bundesbürger an, sich einsam zu fühlen. Mehr als fünfhunderttausend Menschen leiden an Depressionen, die sie auf die zunehmende Isolierung zurückführen. Einsamkeit galt einmal als eine beglückende Erfahrung. Weshalb wird sie in unserer Zeit als so bedrohlich und niederschmetternd empfunden? Es ist wohl vor allem ein Gefühl völliger Verlorenheit, man ist zu sehr auf sich gestellt, wird durch keine Gemeinschaft geschützt und entlastet, gerät in den Sog einer untergründigen Langeweile, und es entsteht eine gegenstandslose, eine unbestimmte Angst, die so quälend sein kann, dass man sich ablenken und betäuben muss, ja, dass nicht selten der Selbstmord als einziger Ausweg erscheint. Inmitten von Luxus verarmt der Mensch in den elementaren Dingen. Ohne du geht das Ich verloren.«

Einsame Menschen hat es zu allen Zeiten gegeben. Die Einsamkeit in der Postmoderne hat jedoch eine besondere Qualität: Viele Betroffene isolieren sich von anderen Menschen, weil sie fürchten, den an sie gestellten Erwartungen nicht zu genügen. Aus Furcht vor Zurückweisung belassen sie es häufig bei oberflächlichen, wenig tragfähigen Kontakten. Die Folge: Einsamkeit ist inzwischen zu einem Millionenschicksal geworden. Jung und Alt, Männer wie Frauen sind gleichermaßen davon betroffen. Und obwohl Einsamkeit ein quälendes Gefühl ist, verschweigen die meisten Betroffenen ihr Problem.

EINSAMKEIT IST KEIN PHÄNOMEN UNSERER ZEIT.

Nach internationalen Marktanalysen heißt es: »Nahezu jeder fünfte Westbürger und sogar jeder vierte Erwachsene in den neuen Bundesländern hätte gern mehr Kontakt zu anderen Menschen. Die meisten Erwachsenen kommen täglich höchstens mit zehn anderen Personen ins Gespräch, wobei die meisten Begegnungen nur oberflächlicher Natur sind.«
Soziologen sprechen in diesem Zusammenhang gerne von der Massenkultur und Massengesellschaft, die die Vereinzelung des Menschen vorantreibt. Die Gemeinschaftsstrukturen sind zerbröckelt, weil es an Orten fehlt, wo sich Menschen wirklich begegnen können.

Autonomie und Individualismus sind ideologisch besetzte Begriffe. Das Gefühl der Zugehörigkeit wird bei jungen Leuten z.B. mit dem richtigen Markenpulli und dem richtigen Markenfahrrad erkauft. Wer da nicht mithalten kann, kommt sich schnell ausgeschlossen vor. Oder ... um sich nicht ausgeschlossen zu fühlen, geht man selbst auf Distanz.

Individualismus und Einsamkeit sind lediglich zwei Seiten einer Medaille. Und doch sei gleich zu Anfang gesagt: EINSAMKEIT ist kein Phänomen unserer Zeit, wie oft behauptet wird. Sie ist ein Grundgefühl des Menschen, dem er sich immer wieder neu stellen muss. Allenfalls haben sich die Ursachen und das Erscheinungsbild geändert. Und das schauen wir uns jetzt näher an.

# 2 Einsamkeit hat viele Namen

Ich treffe Brigitte K. auf einem Frühstückstreffen für Frauen. Seitdem ihre drei Kinder aus dem Haus sind, fühlt sie sich mutterseelenallein. Ihr Mann arbeitet oft außerhalb und ist daher manchmal tagelang unterwegs. Frau K. bekommt Depressionen. Zu sehr hatte sie ihr ganzes Leben auf die Kinder konzentriert und nun weiß sie nichts mit sich anzufangen. Eine große Leere überkommt sie. Sie hat keine Hobbys und nur wenig Freunde. Sie hat keine Träume und keine Visionen mehr für ihr Leben.

Es gibt immer zwei Phänomene in unserer Zeit: Hektische, stressgeplagte Menschen und Menschen, die an der Langeweile zugrunde gehen.

Ich begegne Marianne B. Am Ende ihrer Lebensgeschichte steht auch das Wörtchen Einsamkeit.

Durch eine Fehldiagnose ihres Arztes ist sie zum Krüppel geworden, wie sie es selbst ausdrückt. Kopfschmerzen und eine starke Sehbehinderung sorgen dafür, dass sie oft tagelang die Wohnung nicht verlassen kann. Überhaupt sind ihr Kontakte zu anderen viel zu anstrengend. Sie zieht sich zurück. Immer öfter. Immer häufiger.

Herr S. freut sich darüber, dass er eine eigene Wohnung hat und auch mit seinen siebzig Jahren noch gut den Haushalt im Griff hat. Wenn nur die Einsamkeit nicht wäre, erzählt er mir. Seit seine Frau gestorben ist, weiß er nichts mehr mit sich anzufangen. Viele seiner Freunde sind schon tot und im Alter noch neue finden - das hält er für ein aussichtsloses Unternehmen. Der Fernseher ist sein ständiger Begleiter.

Da ist Inge. Solange sie denken kann, sucht sie nach einem geeigneten Partner für ihr Leben. Was hat sie nicht schon alles ausprobiert. Kontaktanzeigen, Partnervermittlungen, spezielle Freizeiten. Alle

Mühe umsonst. So kommt Inge zu dem Schluss: »Mich will niemand haben. Ich bin wohl nichts wert.« An manchen Tagen ist es ganz schlimm, erzählt Inge: »Dann sehe ich nur noch schwarz bis hin zur Frage: Warum geht bei mir eigentlich alles schief? Wozu bin ich überhaupt da? Warum diese ewige Einsamkeit? Womit habe ich das verdient? Und dabei werde ich immer engstirniger und frostiger. Durch diese Fragen gerate ich massiv unter Druck und ich merke: Es ist eine Illusion, alles sei machbar, wenn ich's nur wollte. Es stimmt auch nicht, dass man dunkle Schatten einfach so wegdenken kann, oder?!«

DAS IST SCHWER:
EIN LEBEN ZU ZWEIT.
NUR EINS IST NOCH SCHWERER:
EINSAM SEIN!

Alexandra ist um die vierzig. Nicht verheiratet. Beruflich gut situiert. Sie hat ein Spitzeneinkommen, eine schöne Wohnung und beherzte Freunde, auf die man sich verlassen kann. Und doch sagt sie: »Im

Grunde meines Herzens ... tief in mir drin, da tut etwas ganz fürchterlich weh. Es schmerzt in alle Glieder hinein, wie bei einer fiebrigen Grippe. Es ist so eine Einsamkeit in der Tiefe meines Seins verbunden mit Fragen wie: Ist das das Leben? Ist das Leben?
Wenn es doch nur einen einzigen Menschen gäbe, der mich in dieser Tiefe erreichen könnte. Tagein, tagaus mit müden Augen und hängenden Schultern durch dieselben Straßen gehen. In mir ist kein Leben mehr, kein lebendiger Geist mehr, der mich höher bringt, beflügelt, mich ins Staunen bringt und mich etwas völlig Neues erleben lässt. Ich möchte meine Antennen viel mehr raus lassen, aber ich weiß nicht wie. Wie empfängt man denn Signale des Lebens? Ich will nicht mehr ängstlich und kümmerlich auf Sparflamme dahin vegetieren. So geht's nicht weiter.«

Ein paar Originaltöne von betroffenen, einsamen Menschen. Einsamkeit hat viele Gesichter. Wie sieht Ihr »Gesicht« der Einsamkeit aus?

Je lauter es um einen herum ist,
umso einsamer kann man sein.

Hier einige Sätze, wie Menschen ihren Zustand EINSAMKEIT noch beschrieben haben:

- Einsamkeit bedeutet Stillstand der Zeit.
- An einem toten Punkt angekommen sein.
- Schmerzen, Schmerzen, Schmerzen.
- Bewegungslosigkeit ... mitten in einem großen Raum.
- Sinn- und Nutzlosigkeit des Seins.
- Rund um die Uhr nur sich selber haben.
- Ausgegrenzt sein, abgeschottet sein, unverstanden sein.

Einsamkeit hat viele Namen, viele Gesichter, viele Gebärden und Haltungen. Und wer bei diesem Thema nur an ältere Menschen denkt, der liegt weit daneben. Diese einseitige Beurteilung wäre doch allzu kurzsichtig. Auch junge Menschen oder, konkreter gesagt, gerade auch junge Menschen leiden unter Einsamkeit. Die Einsamkeit der Halbwüchsigen zeigt sich z.B. in einer gefährlichen Langeweile. Um ihr zu entrinnen, denken sie sich oft absonderliche Pläne aus, die für sie selbst und auch für andere Menschen zerstörerische Wirkung haben können.

Beispiel: Da stellen drei Jugendliche vier Verkehrsschilder um und sehen zu, was passiert. Ein schlimmer Unfall mit drei Toten ist die Folge. Als Begründung für diesen »Unsinn« geben sie an, dass sie Langeweile hatten und nicht wussten, was sie tun sollten.
Die Einsamkeit von Jugendlichen kann oft auch von Selbstmordgedanken begleitet werden. Auch die Frage nach dem Sinn des Lebens wird mit solcher Dringlichkeit gestellt, als müsse es sofort endgültige Antworten darauf geben. Grübelnd entdecken junge Leute, dass die Antwort unauffindbar sein könnte, weil das Leben, jedenfalls ihr Leben, augenscheinlich keinen Sinn hat. Das Dasein wird als sinnlos beurteilt.

## 3 Einsamkeit hat viele Ursachen

DER tatsächlich traumatisch einsame Mensch ist jener Mensch, der auf sich selbst reduziert ist und sich nach und nach von gesellschaftlichen Abläufen verabschiedet. Er lebt sozusagen nach dem Motto: »Alleine ist schon schwer genug!« Alles wird ihm zu viel, ist ihm zu anstrengend, sei es durch schlechte Erfahrungen in der Kindheit und/oder der Gegenwart. Der einsame Mensch verweigert sich der Auseinandersetzung mit anderen Menschen und Meinungen.

> WENN DOCH DIE EINSAMKEIT EIN
> STACHEL WÜRDE …
> ETWAS ZU FINDEN,
> WOFÜR DU LEBEN KANNST
> UND STERBEN.

Am Ende kann dabei herauskommen, dass er tatsächlich nicht mehr gesellschaftsfähig ist. Zu sehr hat er sich seine eigene Welt aufgebaut. Die handfeste Wirklichkeit wird demnach ausgeschaltet. Träume und Phantasien erlauben grenzenlose Freiheit und die Befriedigung aller Wünsche. Die reale Einsamkeit wird indes immer größer.

Menschen, die in einer Studie angaben, im Moment einsam zu sein, betonten, dass sie sich selber von ihren Mitmenschen entfernt haben. Sie schilderten ihre Einsamkeit als eigene Unfähigkeit, mit anderen zusammen zu sein, und gaben an, darunter zu leiden, dass sich niemand um sie kümmerte. Schwindende Selbstachtung, Schuldgefühle und ein negatives Selbstbild nennen viele als Begleitumstände.

Es gibt auch
eine selbstgewählte Einsamkeit.

Auch emotionale starke Belastungen münden oft in eine selbstgewählte Einsamkeit, die zunächst als Entlastung, zunehmend dann aber als Belastung empfunden wird. Jemand sagte einmal: »Einsamkeit kann wie ein Strudel sein, sitzt man zulange einsam im ›Loch‹ kommt man nicht mehr raus.«

Neben den eben erwähnten Gründen ist eine weitere Ursache für Einsamkeit das Gefühl, in der Gesellschaft nicht zu genügen. Es ist das Gefühl, im sozialen Vergleich mit anderen immer den Kürzeren zu ziehen und daher stellt man sich selbst fortwährend in Frage. Am Ende der Skala rangiert nach Studien der Aspekt der zwischenmenschlichen Isolation, die mit den Gefühlen der Leere und dem Fehlen enger Beziehungen einhergeht.

Nicht selten tragen einsame Menschen ein intensives, geheimes Nest voller Neid und Hass in sich. Dieses resultiert oft aus einer mangelnden Selbstliebe. Der Blick in den Spiegel und auf ihr eigenes Leben lässt manche Menschen einen grausam entwertenden, erniedrigenden Feind entdecken. Menschen, die nicht lieben und nicht geliebt werden, solche, die nicht Freunde sind und nicht Freunde haben, sind einsam, auch wenn sie nie alleine sind. Folgenschwer ist die Einsamkeit ungeliebter, vernachlässigter Kinder – im Märchen sind sie die Waisenkinder – die von Stiefmüttern gepeinigt, versklavt und verstoßen werden.

Eberhard Elbing, Psychologe an der Universität München, betont die Einsamkeit, unter der junge wie ältere Menschen leiden: »Die heutige Einsamkeit resultiert für mich daraus, dass es so wenig Wertorientierung gibt, dass das Leben so beliebig, ja, fast sinnlos erscheint. »Aber das«, so gibt E. Elbing zu, »sei eine These, die schwer in wissenschaftlichen Erhebungen abfragbar sei. Man würde niemanden fragen, ob er sich ›sinn-einsam‹ fühle. Die Frage würde nicht verstanden. Wenn wir jedoch bedenken, wie intensiv junge Menschen nach Orientierung, nach Sinngebung und Idolen suchen, ob in der Medienszene, im Trend der Esoterik, in Erfahrungs- und Psychokult-Gruppen, dann wird diese ›Sinn-Einsamkeit‹ sehr deutlich.«

KRANKHEIT KANN ZUR VEREINSAMUNG FÜHREN.

Ich sagte es bereits: Einsam ist der Mensch, der sich auf sich selbst reduziert oder der auf sich selbst reduziert wird. Denken wir an die vielen kranken Menschen, denen medizinisch nur bedingt geholfen werden kann und die dann nach vielen Krankenhausaufenthalten allein mit ihrem Schicksal fertig werden müssen. Was spielt sich da hinter den Wohnungstüren kranker Menschen ab? Oft sind es Tragödien. Menschen, die in der Einsamkeit versumpfen, weil sich ihre Lebensqualität auf ein Minimum reduziert hat. Längst können sie nicht mehr agil und wach an normalen Lebensabläufen teilnehmen. Und weil Gesundheit, Tatkraft und Schönheit in unserer Gesellschaft einen zu hohen Stellenwert haben, fallen solche Menschen durch das gesellschaftliche Gitter ins Bodenlose. Was ihnen oft zwangsläufig bleibt, ist eben letztlich nur, sich auf sich selbst zurückzuziehen, wenn sie keine helfende Hand aus dem Dilemma befreit.

Hier wären auch die vielen Arbeitslosen, die vom Mobbing geplagten Menschen und die vielen alten

Menschen anzusiedeln, die in Altenheimen ihr Dasein fristen. Und eben auch junge Menschen, denen eine Zukunftsperspektive fehlt. Wir wollen jedoch noch weiter fragen nach den ganz individuellen Gründen, wie ein Mensch in die Einsamkeit geraten kann.

## Überhöhte Ansprüche der Gesellschaft können einsam machen

Wer einsam ist, der fühlt sich nicht gesellschaftsfähig. Wenig Freunde zu haben, nicht dauernd unterwegs zu sein, das passt nicht in das gesellschaftlich geprägte Bild einer selbstständigen und sozialkompetenten Person. Wer allein ist, der ist irgendwie selber Schuld, der hat es halt nicht so gepackt im Leben. Dieses Bild kann schnell zu einem Selbstbild werden, zu einer sich selbst erfüllenden Prophezeiung. Es ist heutzutage nicht sehr angesehen, sich als ein bedürftiger Mensch zu outen, als ein Mensch also, der nicht mit allen Situationen im Leben klar kommt.

Daher trauen sich viele Menschen gar nicht, ihre Einsamkeit »auf den Tisch« zu legen, darüber zu sprechen. Und so beginnt das Rad der Einsamkeit sich zu drehen. Andere Menschen reagieren auf das introvertierte und gehemmte Verhalten mit Unsicherheit. Als Resultat davon meiden sie den Einsamen. Viele Therapeuten gehen immer mehr davon aus, dass es einen verstärkenden Zusammenhang zwischen den Verhaltensweisen einsamer Personen und den Reaktionen ihrer Umwelt gibt.

## Selbstzweifel können einsam machen

Bei manchen Menschen, die sich einsam fühlen, kann man oft beobachten, dass sie die Bemühungen der Kontaktaufnahme anderer gar nicht wahrnehmen, registrieren, in sich aufnehmen oder sogar annehmen. Jedem Lob, jedem Kompliment, jedem zugesprochenen Wort, jeder liebevollen Geste, jedem persönlichen Händedruck gehen sie aus dem Weg. Sie sind fast unfähig ein Kompliment entgegen zu nehmen, geschweige denn sich darüber zu freuen. Es ist, als hätten sie eine unsichtbare

Wand zwischen sich und ihrer Umwelt aufgebaut. Alles gleitet an Ihnen ab, wie Regen an einer Fensterscheibe.

»Ich will von anderen nicht enttäuscht werden« ist manchmal der erste Schritt in die Einsamkeit.

Die Ursache liegt hier u.a. in der Angst enttäuscht zu werden. Diese Angst bläht sich so auf, dass kein Raum für Zuversicht und Hoffnung bleibt, kein Raum, das Risiko des Vertrauens einzugehen ... und im Strom einer Beziehung einfach mal mit zu fließen. Ohne Hintergedanken, ohne misstrauische Fragen, ob sich alles wirklich so verhält, wie es sich momentan darstellt. Die noch tiefere Ursache liegt darin, dass solche Menschen keine gesunde Einstellung zu sich selber haben. Selbstzweifel haben ihr gesundes ICH vergiftet, sodass es ihnen nicht mehr gelingt, ihre emotionalen Bedürfnisse zu befriedigen. Denn das ist klar: Es gehört zu den gesunden Grundbedürfnissen eines Menschen, sich anderen Menschen mitzuteilen. Wenn Selbstzweifel das gesunde ICH vergiften, dann ist auch immer das Verhältnis zum du (zum Gegenüber) gestört.

## Umbruchphasen können einsam machen

Es sind oft Umbruchphasen und Trennungen im Leben, in denen wir eine existentielle Einsamkeit besonders angstvoll und schmerzlich erleben. Wenn das Gewohnte nicht mehr ist, was es mal war, wenn es brüchig oder es gar leid geworden ist, dann geraten viele Menschen aus der Balance. Wenn ersehnte Ziele unerreichbar bleiben oder gar zunichte gemacht werden, wenn Lebensträume platzen, wenn Selbstkonzepte und das gesamte Weltbild erschüttert werden, dann ist der Lebensfluss empfindlich gestört.

Solche Umbruchphasen müssen nicht immer durch ganz drastische Veränderungen hervorgerufen werden: Tod des Partners, Nichtbestehen einer Prüfung oder Verlust des Arbeitsplatzes. Oft sind es innere Aufbrüche, die z.B. mit dem Lebensalter zu tun haben. Da erkennt eine ledige Frau plötzlich in der Mitte ihres Lebens, dass sie keine Kinder mehr bekommen kann, dass manche »Züge« in ihrem Leben einfach abgefahren sind - ohne sie. Und so steht sie einsam und verlassen am Bahnhof ihres Lebens und verpasst es unter Umständen, auf den nächsten Zug aufzuspringen.

## Einsamkeit durch die Schuld anderer Menschen

Das gibt es natürlich. Dass man durch besondere Lebensumstände an den Rand der Gesellschaft gedrückt wird. Dass jemand durch das Handeln eines anderen Menschen in den Strudel der Einsamkeit gerät. Da ist eine Frau querschnittsgelähmt, weil sie von einem Betrunkenen angefahren wurde. Da wird eine Frau von ihrem Ehemann nach fünfundzwanzig Jahren Ehe verlassen, weil dieser eine jüngere gefunden hat. Da wird jemand unbegründet aus der Firma entlassen ... und findet keine neue Stellung mehr. Da erlebt jemand immer und immer wieder Verachtung und Spott, sodass er sich eines Tages nicht mehr aus dem Hause traut. Da wird jemand immer wieder an denselben Stellen kritisiert, sodass jegliches Selbstvertrauen erlischt. Da macht eine Frau ihren Ehemann in der Familie klein, sodass dieser immer häufiger zur Flasche greift. Da überfordern Eltern ihre Kinder, sodass diese einen Ausweg in Drogen suchen. Leidvolle Ausprägungen, deren letztes Wort Resignation heißt. Am Ende bleiben unmündige und einsame Menschen zurück.

DAS UNGLÜCK IST DER PRÜFSTEIN DES CHARAKTERS.

## Selbstverschuldete Einsamkeit

Eine Aufgabe ist uns immer gestellt: die harte Arbeit am eigenen Charakter. Um gemeinschaftsfähig und bindungsfähig zu sein, bedarf es immer wieder Korrekturen, Änderungen, neuer Einsichten und veränderter Ansichten. Flexibilität ist gefragt.

Wer aber stur und steif immer nur das Seine durchsetzen möchte, unter Umständen noch auf rechthaberische Weise, wird bald sehr einsam sein.
Auch persönliche, emotionale starke Belastungen münden in eine oft selbstgewählte Einsamkeit, die zunächst auch als Entlastung, zunehmend dann aber als Belastung empfunden wird. Wie ich schon erwähnte: »Einsamkeit kann wie ein Strudel sein, sitzt man zu lange einsam im ›Loch‹ kommt man nicht mehr raus.«
Doch auch echte Schuld anderen Menschen gegenüber, ein schlechtes Gewissen, negative Gedanken und ein grundsätzlich großes Misstrauen anderen gegenüber macht einsam.

Es gibt neben den genannten Ursachen aber auch verschiedene Formen von Einsamkeit:

## Die vorübergehende Einsamkeit

Wenn der Ehepartner oder die Freundin erkrankt ist oder verreist ist, wenn gerade eine Beziehung in die Brüche gegangen ist, dann kann das Gefühl der Einsamkeit auftreten. Sie kann jeden treffen, ob es sich dabei um Minuten, Stunden oder Tage handelt. Aus diesen »normalen« Einsamkeitsphasen finden wir im Allgemeinen alleine heraus. Sie haben auch keine bleibenden Folgen.

### Die situationsbedingte Einsamkeit

Sie ist meistens das Ergebnis eines sehr einschneidenden Ereignisses wie einer Scheidung, des Todes eines geliebten Menschen oder auch eines Umzugs. Letzteres betrifft besonders ältere Menschen, wenn sie ihren gewohnten Freundeskreis verlassen und weiter weg ziehen müssen. Angstzustände und Depressionen können die Folge sein.

### Die chronische Einsamkeit

Von chronischer Einsamkeit ist zu sprechen, wenn ein Mensch über einen Zeitraum von mehr als zwei Jahren unter diesem Phänomen leidet. Chronisch einsame Menschen neigen oftmals zu der Überzeugung, dass sie an ihrem Zustand nichts mehr ändern können ... und fügen sich resignierend in ihr

»Schicksal«. Manche wollen auch an ihrem Zustand nichts mehr ändern. Sie gefallen sich in der Rolle des Leidenden und kreisen so immer mehr um sich selbst und interpretieren alles zu stark von ihren Gefühlen her.

> VIELE MENSCHEN SIND DESHALB SO EINSAM, WEIL SIE DÄMME STATT BRÜCKEN BAUEN.
> THEODOR FONTANE

Gerade die chronische Einsamkeit ist es, die durch Dämme oft selbst mit aufgebaut wird. Sie schleicht sich langsam, aber stetig ein. An dieser Form der Einsamkeit ist der Betroffene selbst beteiligt – und darum auch mitverantwortlich. Hier einige »Dämme«, die die Einsamkeit vertiefen:

### Endgültige Vorurteile

Jemand hat sich ein festes, negatives Bild von sich und/oder anderen gemacht und hält daran nun konsequent fest.

## Befürchtungen

Jemand befürchtet durch eine Begegnung negative Folgen: Vielleicht benehme ich mich nicht richtig? Ich sage bestimmt immer was Falsches. Vielleicht mag mich der andere gar nicht? Was denkt der andere von mir? »Menschenfurcht« ist hier das Stichwort.

## Angst vor sich selbst

Es gibt Menschen, die können nicht mit sich selbst allein sein. Die können keine Stunde allein in der Wohnung zubringen. Sie können sich selbst sozusagen nicht standhalten, finden an sich selbst nicht genug, laufen vor sich selbst davon und stürzen sich dabei in Aktivitäten. Doch im Grunde ihres Herzens sind sie mutterseelenallein, einsam bis auf die Knochen. Es sind jene unsteten Zeitgenossen, die man kennt und doch nicht richtig kennt, weil sie immer auf der Flucht sind – vor sich selbst und vor anderen.

## Angst vor Gott

Je nachdem mit welchem Gottesbild jemand groß geworden ist, können sich auch auf der geistlichen

Ebene immense Ängste breit machen. Wurde Gott als übermächtige Kraft, als Diktator, als ein herzensloser Tyrann, der im Grunde nur Forderungen stellt, präsentiert, dann ist Gott auch nicht die Adresse, zu der man in der Not flieht. Dann wird Gott auch nicht als der begriffen, der in die tiefste Einsamkeit eines Menschen hineinkommen kann um zu trösten, um zu heilen. Fehlt dieser liebevolle, vertrauensvolle Glaube an Gott, dann empfindet der Mensch umso mehr eine tiefe Einsamkeit, die mit großer Angst erfüllt ist, weil das Ur-Vertrauen dann kein Zuhause hat.

## Falsche Erwartungen

Stichwort: »Überhöhte Ansprüche«. Gerade Menschen, die in sich selbst oder in Bezug auf ihre Umwelt einen »Mangel« empfinden, haben oft überaus große Erwartungen an andere Menschen. Als müssten diese all ihren Mangel ausfüllen. (Hier findet oft eine überdeckte Problemverlagerung statt.) Diese hohen Erwartungen resultieren meistens aus den eigenen Defiziten an Liebe, Zuwendung und Anerkennung. Sollten diese nicht erfüllt werden droht Rückzug.

### Heimlichkeiten

»Heimlichkeiten machen einsam«, heisst es in einem Sprichwort – und da ist mehr als ein Fünkchen Wahrheit dran. Und der Heimlichkeiten können viele sein: Alkohol oder Medikamentensucht, Unordentlichkeit, heimliche Beziehungen, Depressionen, Eheprobleme ...

### Unversöhnlichkeit

»Mit dem will ich keinen Kontakt mehr haben.« – »Die kann mir gestohlen bleiben.« – »Jener kann bleiben wo der Pfeffer wächst.« Wer Unversöhnlichkeit als festen Bestandteil in seinem Lebenskonzept hat, darf sich nicht wundern, wenn er eines Tages einsam ist. Denn Unversöhnlichkeit macht im Endeffekt deutlich, dass ich mit mir selbst nicht versöhnt bin – und auch nicht mit Gott – und es mir auch mit Menschen auf Dauer nicht gelingen wird.

### Rechthaberei

Jemand ist so sehr von sich und seinen Ansichten überzeugt, dass Menschen neben ihm überhaupt keine Chance haben, eigene Standpunkte darzulegen. Rechthaberische Leute können unausstehliche Gesellen sein, deren Ichsucht schon von weitem »stinkt«. Alle Liebe geht bei rechthaberischem Gezänke drauf! Rechthaberei kann die besten Freunde vergraulen!

### Kritiksucht

Das zeigt sich vor allem, wenn jemand alles, was ihm zu Ohren kommt, negativ kommentiert. Die Ursachen der Kritiksucht sind sehr vielfältig. Vor allem aber spielen Minderwertigkeitsgefühle eine große Rolle. Je kleiner und minderwertiger sich jemand vorkommt, umso mehr will er sich selbst aufwerten durch destruktive Kritik anderen gegenüber.

### Enttäuschungen

Bei manchen Menschen haben Enttäuschungen, vor allem im zwischenmenschlichen Bereich (das sind ja immer die stärksten Enttäuschungen), solche Wunden gerissen, dass sie nie wieder einem anderen Menschen ihr Vertrauen schenken wollen. Zu schmerzhaft war die Erfahrung. Sie ziehen sich zurück. Leider entziehen sie sich dadurch aber auch jeglicher Möglichkeit, verlässliche Beziehungen kennen zu lernen, tragfähige Zweisamkeit zu erleben. Sie berauben sich ihrer eigenen Chancen.

### Konkrete Sünde

Neid, Eifersucht, Geiz, Habsucht, Lieblosigkeit, Tratsch, Klatsch, Verleumdungen, Betrügereien, Hass, Geldgier, Unzucht können Menschen in die Einsamkeit treiben.

### Äußere Dinge

Unangenehme Gerüche und ein unordentliches Äußeres können regelrecht abstoßend wirken. Auch eine vulgäre Sprache und dumme unreflektierte Sprüche können Menschen von uns fern halten. In unserem Äußeren wird auch deutlich, wie wir innerlich konzipiert sind.

## Am Alten festkleben

Manche leben nicht im Jetzt und Heute, sondern nur in der Vergangenheit. Wenn es noch schlimmer kommt, dann reden sie nur von den Katastrophen ihrer Vergangenheit und beißen sich darin fest, so dass es für sie kaum noch etwas anderes gibt. Doch kein Mensch kann auf Dauer mit den Trümmern der Vergangenheit eines anderen Menschen leben.
Das Leben dann gleicht einem alten, modrigen Tümpel, in den kein Frischwasser fließt. Aber jede Beziehung lebt doch auch von neuen Erlebnissen und Erfahrungen!

DAS EINZIGE RÄTSEL DES MENSCHEN IST DER WIDERSPRUCH IN SEINEM LEBEN.
EMIL BRUNNER

## Nichts Neues wagen

Manche Menschen sind nur auf einen bestimmten anderen Menschen fixiert. Stirbt dieser, dann bricht die ganze Welt für den Zurückgebliebenen zusammen. Was bleibt ist eine große Leere und viel Einsamkeit, denn wer es nie gelernt hat, sich Freunde zu schaffen und gute Beziehungen zu anderen zu suchen, der wird das dann eines Tages, gerade wenn es so nötig wäre, auch nicht können.

# 4 Ich habe keinen Menschen

KENNEN Sie das Gefühl? Wenn alles »schalldicht« um einen herum ist? Wenn düstere Stille einen umgibt, wenn man sich vorkommt wie eine befestigte Ritterburg, die keinen Eingang und keinen Ausgang hat, die nur stumm vor sich hin steht. »Ich habe keinen Menschen«, so formulieren einsame Zeitgenossen manchmal ihre Not. Es ist gut, wenn ein Mensch, der das so empfindet, dies auch zum Ausdruck bringt. Wie lange braucht es bei manchen Menschen, solch einen Satz zu formulieren! Es ist wie bei Alkoholikern. Bis da einmal der Satz fällt: Ich bin Alkoholiker. Dazu ist viel Courage nötig. Echte, ehrliche Selbsterkenntnis. Solch ein Satz setzt ein wirkliches Bewusstsein voraus.
Doch wie heißt es so schön: »Einsicht ist der erste Schritt zur Besserung.«

Der nun folgende Fragebogen soll Ihnen dazu verhelfen:

»Ich habe keinen Menschen ...« – der mich liebt, versteht, dem ich vertrauen kann, bei dem ich mich zu Hause fühle, der weiß, was mich beschäftigt ...
(Bitte schreiben Sie weitere Eigenschaften auf, die Ihnen fehlen)

______________________________________________________________

______________________________________________________________

______________________________________________________________

______________________________________________________________

______________________________________________________________

______________________________________________________________

»Ich habe keinen Menschen ...« – obwohl ich

___ Familie habe

___ Bekannte/ Freunde habe

___ verheiratet bin

___ zu einer Gemeinde gehöre

______________________________________________________________

______________________________________________________________

______________________________________________________________

______________________________________________________________

______________________________________________________________

Ich vermute, der Grund dafür ist:

Bei mir wirkt sich das so aus:

Ich gehe so damit um:

Ich möchte, dass sich etwas ändert. Das könnte geschehen:

In meiner Situation könnte mir helfen:

# 5 Wege aus der Einsamkeit

Ich möchte es hier noch einmal kurz betonen: Wer einsam ist, fühlt sich nicht gesellschaftsfähig. Das ist ein Kernsatz. Und das ist schon komisch: Dieselbe Gesellschaft, die einen riesigen Markt der Möglichkeiten öffnet, sorgt anscheinend dafür, dass er wohl nur von Selbstbewussten betreten wird. In einem heimlichen Lehrplan lernen wir, uns selbstkritisch an den Vorgaben und Idealvorstellungen dieser Gesellschaft zu messen. Wer an sich zweifelt, und über seinen Wert als Beziehungspartner verunsichert ist, oder wer einfach nicht gelernt hat, soziale Kontakte zu nutzen, der zieht die Selbst-Isolation der befürchteten Zurückweisung vor.

Kein Jahr wird mich so verlassen,
wie es angefangen hat.

Gibt es Möglichkeiten, die Einsamkeit zu vertreiben? Haben einsame Menschen die Chance, aus ihrem Schattendasein ins Licht zu treten, Gemeinschaft zu erleben, die bereichert und oftmals auch beflügelt? Gemeinschaft zu erfahren, die neue Impulse ins Leben fließen lässt?

Es gibt viele Möglichkeiten. Folgende Schritte können dabei helfen:

## Hinwendung zur Einsamkeit

Das klingt zunächst eigenartig: Hinwendung zur Einsamkeit. Das bedeutet aber erst einmal nichts anderes als eine Bestandsaufnahme, dass ich mich also infrage stelle:

- Wie sieht meine Situation im Moment aus?
- Wie lebe ich mein Leben, meine freie Zeit?
- Sind die Figuren im Fernsehen die wichtigsten »Ansprechpartner« geworden? Oder mein Haustier?
- Sorgt der prall gefüllte Kühlschrank für Nervennahrung, weil ich mein Alleinsein nicht ertrage?
- Wie sehen meine bisherigen Bewältigungsver-

suche aus, aus dem Loch der Einsamkeit herauszukommen?

- Welche Gefühle stehen in meinem Leben an erster Stelle?

## Abwendung von der Einsamkeit

Das ist ein wichtiger Punkt. Will ich eigentlich herunter von meiner einsamen Insel? Oder hab ich's mir dort so gut eingerichtet und lebe wirklich nach dem Motto, das ich schon erwähnte: »Alleine ist schon schwer genug?«
Sind die Menschen um mich herum vielleicht zu »Feinden« geworden, die durch ihre Gesellschaft nur meine »heilige« Ruhe stören? Auch hier gilt es, ehrlich Bilanz zu ziehen. Um aus der quälenden Einsamkeit herauszukommen, muss ein deutliches »Ja, ich will« ausgesprochen werden.

WILLENSKRAFT, DIE WEGE SCHAFFT.

Ich habe mich bei manchen Geschichten aus der Bibel oft gewundert, warum Jesus z.B. einen kranken

Menschen noch fragt: »Willst du gesund werden?« Ist doch klar, dass ein kranker Mensch nur den einen Wunsch hat: gesund zu werden. Doch diese Frage, und das begreife ich immer mehr, ist die Grundfrage, die Ur-Frage schlechthin: »Willst du heraus aus deiner Einsamkeit? Willst du wirklich?«

Wenn Sie diese Frage mit »Ja« beantworten, dann haben Sie die »halbe Miete« schon bezahlt. Denn das stelle ich immer wieder fest: Wenn ein Mensch etwas unbedingt will, dann schafft er es auch. Dann setzt er sich dafür ein. Dann gibt er seine ganze Kraft da hinein.

## Beziehung zur eigenen Person

Einsame Menschen denken häufig, es sei einzig und allein ihre Schuld, dass sie ohne Außenkontakte sind. Wären sie »normal« wie andere, dann wären sie nicht einsam. Das sind selbstzerfleischende Gedanken, die einen breiten Nährboden für viele Komplexe bieten. Vor allem wird durch solch ein Denkmuster ein Kreislauf in Gang gesetzt, der in Einsamkeit, in Ängsten und Depressionen enden kann.

> Ein Mensch soll wissen,
> dass er anderen nur etwas wert ist,
> wenn er für sich selbst etwas ist.

Natürlich kann es sein, dass das eigene Verhalten nicht gerade gemeinschaftsfördernd ist. Vielleicht sind da ja wirklich Eigenschaften und Verhaltensweisen, die auf andere Menschen nicht besonders anziehend wirken (siehe Ursachen). Es wäre also sinnvoll, zu beobachten, wie Ihre Umwelt auf Sie reagiert. Wo ecken Sie an? Warum funktionieren Ihre Beziehungen nicht? Wo gibt es Konflikte? Ziehen sich andere Menschen von Ihnen zurück?
Also: Auf der einen Seite sich auf keinen Fall in den selbstzerfleischenden Kreislauf begeben, dass nur Sie allein an allem Schuld sind. Auf der anderen Seite mutig, selbstkritisch und ehrlich sein eigenes Verhalten anderen Menschen gegenüber hinterfragen. Das kann schmerzhaft sein, aber auch sehr befreiend.

## Die Angst vor Neuem verlieren

Angst vor Neuem verlieren? Das ist leichter gesagt – als gelebt. Ein wichtiger Schritt zur Überwindung der Einsamkeit besteht darin, die Angst vor Neuem zu verlieren. Herauszukommen aus der Einsamkeitshöhle, die man doch ach so gut kennt, plötzlich Neuland zu betreten, andere Luft schnuppern, unbekannte Wege beschreiten, sich fremden, ungewohnten Situationen und Menschen anzuvertrauen und ausliefern, ungewohntes und spontanes Handeln zuzulassen ... das sind längst verlernte Schritte eines einsamen Menschen. Er muss sie lernen, wie ein Kleinkind das Laufen lernt. – Wohlgemeinte Ratschläge »geh mal zum Sportverein«, »in die Gemeinde«, »übernimm Aufgaben« enden fast immer mit dem zögerlichen Verweis: »Das kann ich nicht alleine tun.« Und dieser Satz mag stimmen.

Wo du hingestellt bist,
ist nicht so wichtig.
Wie du da stehst,
das ist das Entscheidende.

Hilfestellung ist nötig. Um aus dem Vermeidungsverhalten herauszukommen, braucht man zumindest erst einmal einen Menschen, der Ängste überwinden hilft, der sozusagen beim »Training« hilft, sich zu öffnen und Konflikten nicht aus dem Wege zu gehen. Das führt zu der Frage: »Wer könnte dieser eine Mensch zunächst einmal sein – und wie finde ich ihn?«

## Schritte wagen im Vertrauen

Schritte auf andere Menschen hin zu wagen – das ist nicht leicht. Aber unmöglich ist es auch nicht. Ein Liedtext von Clemens Bittlinger gibt da einen wichtigen Hinweis:

Schritte wagen – im Vertrauen
auf einen guten Weg.
Schritte wagen, im Vertrauen,
dass letztlich ER mich trägt.
Schritte wagen,
weil im AUFBRUCH ich nur sehen kann:
für mein Leben gibt es einen Plan.

Ein Sprichwort sagt: »Das einzig wahre Handeln – ist die Tat.« Das gilt vor allem auch, wenn es darum geht, aus der Einsamkeit herauszukommen. Nichts geschieht, wenn ich auf der Stelle trete. Wenn ich mich an eingeschliffenen Verhaltensweisen festbeiße. Stillstand ist Rückgang. Nur in der Bewegung, im Gehen, im Wagnis mache ich die Erfahrung, dass der Grund mich hält, auf dem ich gehe. Und nur im Wagnis erlebe ich auch, dass Gott mich trägt, dass er ein großes Interesse daran hat, mich zu führen, meine Lebensmöglichkeiten zu weiten. Das müssen vielleicht zu Anfang nur ganz kleine Schritte sein:

- Sie besuchen jemanden in Ihrer Nachbarschaft.
- Sie verabreden sich mit anderen fürs Kino.
- Sie gehen mit einer Arbeitskollegin essen.
- Sie laden selbst mal jemanden ein.
- Sie machen bei einer Fahrradtour mit.
- Sie suchen sich ein Hobby, das Sie mit anderen teilen.
- Sie schließen sich einem Hauskreis an.

- Sie suchen sich einen Gebetspartner (Zweierschaft).

Dämme müssen also nicht nur »abgebaut« werden, sondern es müssen gleichzeitig Brücken »aufgebaut« werden. Bitten Sie Gott um Kraft und um Ideen!

Es gibt zwei Möglichkeiten, einen Zustand zu ändern: Entweder man zieht die Jacke an und geht oder man zieht das Hemd auch noch aus.

# 6 Wie man Freunde findet

Ich persönlich hatte im Laufe meines Lebens verschiedene Freundschaften. Und zu allen Zeiten, an den verschiedensten Orten, in den unterschiedlichsten Arbeitsbereichen – kamen sie mir zugute. Durch manche Zeiten in meinem Leben wäre ich ohne eine gute Freundin (ich bin ledig) nicht durchgekommen.

## Was ist ein Freund?

»Keine Zeit wird einem zu schwer«, sagt ein Sprichwort, »mit einem Freund an der Seite.« Freundschaft, das heißt gemeinsam durch dick und dünn zu gehen. Freundschaft, das heißt Lebensbereicherung durch Austausch und konstruktive Kritik. Freundschaft heißt verzichten lernen, lieben lernen, hoffen lernen. Miteinander leiden lernen, füreinander da sein.

Es gab eine Zeit in meinem Leben, durch einen Ortswechsel bedingt, in der ich keine Freundin hatte. Flogen mir sonst die Beziehungen zu, musste ich nun lernen, für eine Freundschaft zu beten. Und das tat ich. Es hat zwar ein Weilchen gedauert, aber Gott schenkte mir einen wunderbaren Menschen. Ich möchte damit zum Ausdruck bringen, dass Gott sich gerade auch um solche Dinge in unserem Leben kümmert, wenn wir ihn darum bitten.

WER FREUNDE OHNE FEHLER SUCHT, BLEIBT OHNE FREUND.

Freundschaften entstehen durch regelmäßigen Kontakt und eine gemeinsame Aufgabe. Dies ist auch der Grund, warum Freundschaften am leichtesten in der Schul-, Studien- und Ausbildungszeit oder am Arbeitsplatz geknüpft werden. Die Aufgabe für einsame Menschen besteht also darin, diese »freundschafts-fördernden Voraussetzungen« zu schaffen. Mit anderen Worten: Sie sollten darüber nachdenken, wo Sie eine ausreichende Zahl von Menschen treffen können, die sich in einer ähnlichen Lebensphase befinden wie sie selbst.

Am nahe liegendsten ist es, sich dazu in der allernächsten Umgebung umzusehen: Welche Aktivitäten gibt es in der Nachbarschaft? Welchen Gruppen könnte man sich anschließen? Existieren Initiativen am Arbeitsplatz, die um ein weiteres Mitglied froh wären? Welche Angebote der örtlichen Volkshochschule wären interessant? Jede Situation, die regelmäßigen Kontakt und einigermaßen übereinstimmende Interessen gewährleistet, erhöht die Chance, langfristige Freundschaften aufzubauen. Wenn also ein äußerer Grund sicherstellt, dass man die anderen nicht aus dem Auge verliert, kann mit größerer Geduld getestet werden: Zu wem passe ich? Wer ist mir sympathisch? Mit wem möchte ich außerhalb der Gruppe Kontakt haben?

## Interesse zeigen und Fragen stellen

Gemeinsame Aufgaben und Projekte bieten eine solide Möglichkeit, das soziale Netzwerk zu vergrößern. Allerdings funktioniert das nur, wenn man sich für die Sache, um die es geht, wirklich interessiert. Ist dies nicht der Fall, wird man schnell die

Geduld verlieren und sich wieder frustriert in die einsamen vier Wände zurückziehen - und dem Vorurteil Vorschub leisten: »Es bringt ja alles sowieso nichts.« Das wäre natürlich die genau falsche Konsequenz.
In der Regel dauert es zwischen sechs Monaten und einem Jahr, bis sich engere Beziehungen entwickeln.

TEILNAHME IST EIN GOLDENER SCHLÜSSEL, DER DIE HERZEN ANDERER ÖFFNET.

Daneben muss noch eine weitere wichtige Voraussetzung gegeben sein, denn Freundschaften basieren nur auf Gegenseitigkeit. Das heißt: Ein neuer, vorsichtiger Kontakt kann sich nur dann vertiefen, wenn sich Geben und Nehmen die Waage halten. Einsame Menschen wagen es oftmals nicht, ihr Interesse am anderen deutlich zu zeigen. Sie stellen zu wenig Fragen, sie hoffen, dass ihr Gegenüber sie aus der Isolation herauslockt. Auf Dauer wirkt das auf den aktiveren Teil ermüdend - er zieht sich zurück.

Was für jede Kommunikation gilt, ist für einsame Menschen besonders wichtig: sich nicht nur vom anderen etwas erzählen lassen, sondern selbst Interesse signalisieren. Wie gesagt: Gegenseitigkeit ist eine wichtige Voraussetzung, um die Einsamkeit zu überwinden. Dazu gehört es auch, Hilfe zu signalisieren. Wer sich nie bei dem Nachbarn ein Ei ausleiht macht deutlich: »Ich will meine Ruhe haben.« Bittet man jedoch andere auch um einen Gefallen, zeigt man damit Offenheit und Ansprechbarkeit. Leider sind viele Menschen oft zu stolz, zu ängstlich oder zu misstrauisch, etwa Hilfe von anderen zu erwarten. Diese Hindernisse müssten überwunden werden. Sollen Freundschaften also stabil sein, braucht es Geduld und die Bereitschaft, die eigene Angstschwelle zu überschreiten.

DER BESTE WEG
EINEN FREUND ZU BESITZEN,
IST, SELBER EINER ZU SEIN.

# 7 Es ist nicht gut, dass der Mensch allein sei ...

Im Schöpfungsbericht in der Bibel, im ersten Buch Mose, Kapitel 2 Vers 18, steht: *»Und Gott der Herr sprach: Es ist nicht gut, dass der Mensch allein sei; ich will ihm eine Gehilfin machen, die um ihn sei.«* Einsamkeit kann zur Tragödie unseres Lebens werden, wenn wir sie nicht züchtigen. Jemand hat es mal so formuliert: »Die Einsamkeit in mir war wie ein böses Tier, warf mich nur auf mich selbst zurück, und ich lebte in jener heiklen Egozentrik, die für mich zu einer Depression wurde.«

Das lässt sich noch zuspitzen: Es gibt eine gefährliche Einsamkeit, die man auch als Sünde bezeichnen kann, weil sie nicht dem göttlichen Plan und Auftrag standhält. »Es ist nicht gut, dass der Mensch allein sei.« In der Apostelgeschichte Kapitel 2 Vers 42 steht: »Sie blieben aber beständig in der Gemeinschaft.« Gott weiß, dass man an der Einsamkeit wirklich zugrunde gehen kann. Wie es das Sprichwort sagt: »Allein geht man ein.« In weiser Voraussicht hat Gott dem Adam eine Eva geschaffen, ein Gegenüber.

EIN ABGRUNDTIEFES GEHEIMNIS
IST DER MENSCH – DEM MENSCHEN.
NUR GOTT NICHT.

Warum gibt es Kirchen und Gemeinden? Weil wir dort gemeinsam in besonderer Weise die Nähe Gottes erleben können. Es gibt Bibelverse, die deutlich machen, dass z.B. auf dem gemeinsamen Gebet eine besondere Verheißung liegt. (»Wo Zwei oder Drei in meinem Namen versammelt sind, da bin ich mitten unter ihnen.«) Außerdem ist es so, dass Christen eigentlich nicht erst eine Gemeinschaft werden müssen, sondern bereits eine Gemeinschaft sind. Weil Gott sie als Gemeinde zu einem Leib (einem lebenden Organismus) zusammengefügt hat, sind sie zur Gemeinschaft berufen. Also: gemeinsam – statt einsam!

Weil eben nur die Gemeinschaft uns Geborgenheit vermittelt, ein Aufgehobensein, eine besondere Erlebnisebene, die alle unsere Herzensschwingungen in Bewegung setzen kann. Letztendlich: Weil Gemeinschaft zu leben ein göttlicher Auftrag ist.

Ohne Zweifel gibt es natürlich auch eine »selige Einsamkeit«, in der manche Menschen eine große Beglückung finden. Nur dort finden sie zu sich selbst und auch den Weg zu Gott. Und es ist ja in der Tat so, dass man es auch lernen muss, sich mit sich selbst nicht einsam zu fühlen und mit sich selbst alleine klar zu kommen. Es mit sich selbst alleine in der Wohnung auszuhalten, will auch gelernt sein. Das sind Stunden der Muße, wo wir zur Ruhe kommen, die auch im Leben jedes Menschen ihren Platz haben sollten. Sie setzen schöpferische Kräfte frei. Und solche Zeiten sollte man genießen und als Grundlage für Beziehungen nutzen.

Alle Gemeinsamkeit muss auch »Oasen der Einsamkeit« haben. Das gehört zu unserem geistigseelisch-körperlichen Gleichgewicht dazu. So gesehen kann die Einsamkeit eine Heilquelle sein, die tiefere Schichten des Daseins erschließt.

Außerdem möchte ich noch erwähnen, dass jeder Mensch, sei er noch so aktiv und mit vielen anderen Menschen in Beziehung, tief im Grunde seines Herzens eine Einsamkeit verspürt, die ihm kein Mensch nehmen kann. Man mag es »kosmische Einsamkeit« nennen oder wie auch immer. Vielleicht haben Sie das auch schon erlebt: Man mag viele Freunde haben und doch kommt man sich manchmal so vor, als wäre man der einzige Mensch auf der Welt, verloren und verlassen. Ein armer Tropf. Selbst vom treuesten Freund oder der treuesten Freundin fühlt man sich nicht bis in die tiefsten Tiefen seines Seins verstanden. Und man verspürt deshalb einen tiefen Schmerz. Für mich persönlich ist es die Sehnsucht nach einem Zuhause, nach dem Ursprung meines Seins verbunden mit den Fragen: Woher komme ich, wo gehe ich hin, was hat mein Leben für einen Sinn?

Die Geschichte vom verlorenen Sohn (Lukas 15) zeigt dies deutlich auf: Da sucht ein Mensch d a s L e b e n ... und verliert es, weil er sein Vaterhaus verlassen hat. Einsamkeit und Sehnsucht treiben ihn jedoch wieder in die Arme seines Vaters. Und nur, indem er wieder zurückkehrt, findet er Ruhe, Geborgenheit und die Liebe, nach der er so lange vergeblich gesucht hat.

Man muss wohl ein Stück »abgestorbenes Leben« verlieren können, um das wirkliche Leben zu gewinnen. Wir sind Geschöpfe Gottes und tragen in uns eine unbändige, geheime Sehnsucht nach dem Ursprung, nach dem Vaterhaus, nach Gott. Und nur da, wo wir uns wieder in Gottes Nähe einfinden, können wir erleben, dass Gott in den tiefsten Tiefen unserer Einsamkeit sein Zuhause hat. Und wenn sein Atem uns streift, sein Blick uns trifft, seine Hand uns berührt, dann können wir mit der Sinn-Einsamkeit fertig werden. Er gibt dann unserer Seele Kraft und Mut und Hoffnung. So gesehen gebraucht Gott auch unsere Einsamkeit, unsere

Fähigkeit zu trauern und zu leiden, weil wir so mit ihm am stärksten verbunden sind. Dadurch entsteht eine Vertrautheit mit Gott - die unsere Einsamkeit überwinden hilft!

## Ich fang neu an!

Indem ich meine innere Leere erkenne.
Meine Sehnsucht nicht leugne
oder verdränge.
Im Gegenteil:
Wie gut, wenn das Herz
Sehnsucht spürt…
Meine Sehnsucht ist darauf ausgerichtet,
mich, meine Welt, die Menschen,
alle Dinge genau zu erfassen:

Suchend, experimentierend, schöpferisch, liebend
folge ich dieser tiefen Sehnsucht,
um mich selbst zu überschreiten.
Weil ich nur so auf Menschen treffe.
Ob die anderen mich lieben?
Ich weiß es nicht?
Ich kann es am besten herausfinden
indem ich mich der Gnade Gottes
bediene – die mir geschenkt wird
… einfach durch mein

Da-Sein und Hier-Sein und Christ-Sein!
Dieses Vorhandensein braucht Raum und
das Echo der Menschen,
will es überleben.